THOMAS KIELINGER

Der Fels an der Seite der Queen

Der Fels an der Seite der Queen

Prinz Philip, der Herzog von Edinburgh, und seine Spur in der Geschichte

Von

Thomas Kielinger

Duncker & Humblot · Berlin

Der Band basiert auf dem Abendvortrag des Autors
im Rahmen der 38. Jahrestagung der Prinz-Albert-Gesellschaft
im August 2019 in Coburg.

Bibliografische Information der Deutschen Nationalbibliothek

Die Deutsche Nationalbibliothek verzeichnet diese Publikation in der Deutschen Nationalbibliografie; detaillierte bibliografische Daten sind im Internet über http://dnb.d-nb.de abrufbar.

Umschlag: Elizabeth II., Königin von Großbritannien,
mit ihrem Ehemann Prinz Philip (2008)
(© ullstein bild – AP)

Fremddatenübernahme: L101 Mediengestaltung, Fürstenwalde
Druck: Das Druckteam, Berlin
Printed in Germany

ISBN 978-3-428-15898-0 (Print)
ISBN 978-3-428-55898-8 (E-Book)
ISBN 978-3-428-85898-9 (Print & E-Book)

Gedruckt auf alterungsbeständigem (säurefreiem) Papier
entsprechend ISO 9706 ♾

Internet: http://www.duncker-humblot.de

Wir schreiben den 22. Juli 1939, der Ort des Geschehens ist das Navy College in Dartmouth in Devon. Dorthin waren König George VI. und seine Gemahlin, Königin Elizabeth, mit den beiden Töchtern Elizabeth und Margaret zu einer nostalgischen Wiederbegegnung aufgebrochen, hatten doch der König sowie sein Bruder David, der abgedankte Edward VIII., vor dem ersten Weltkrieg in Dartmouth ihre Seeoffiziersausbildung erhalten.

Schicksal spielte an diesem Tag Lord Louis Mountbatten, er war als Flottenadmiral Mitglied der Besuchergruppe an Bord des königlichen Schiffes „Victoria and Albert". Der Admiral, ein gutaussehender, schneidiger 39-Jähriger – er wurde nach dem Krieg der letzte britische Vizekönig in Indien – hatte längst über die Zukunft der dreizehnjährigen Prinzessin Elizabeth und wer sie einmal freien würde nachgedacht; er lag wie ein genialer *matchmaker* ähnlichen Gedanken in der engeren Königsfamilie um etliche Knoten voraus. So wusste er zum Beispiel, wer damals gerade in Dartmouth zum Marineoffizier ausgebildet wurde: sein achtzehnjähriger Neffe, „Cadet Captain" Prinz Philip von Griechenland – die Marinelaufbahn hatte Mountbatten schließlich selber für Philip vorgeschlagen, in seiner Nachfolge und der Nachfolge des illustren Prinz Louis von Battenberg, dem Ersten Marquis von Milford Haven, Philips Großvater.

Wegen des Ausbruchs von Ziegenpeter und Windpocken am College hatte man den beiden Prinzessinnen das Besuchsprogramm ersparen wollen und stattdessen Kadett Philip, den griechischen Prinzen, abgestellt, Elizabeth und Margaret zu unterhalten. Amors große Chance. Man sprang auf dem Tennisplatz über das Netz, wobei Philip, wie die Nanny der beiden Königskinder Marion Crawford später schrieb, „ziemlich angab", während Elizabeth die ganze Zeit über „ihre Augen nicht von ihm lassen konnte". Man erzählte sich Geschichten, Philip mit Abstand die farbigsten, war er doch, wie die Crawford ihn in ihrem Erinnerungsbuch zitieren wird, „teils dänisch, teils deutsch, teils russisch", der sich brüstete: „Ich kann in jedem Land Europas einen Verwandten finden, der mich aufnimmt." Das klang in den Ohren der beiden Mädchen recht abenteuerlich. Und das sollte es auch.

Man spielte unter anderem Krocket – ein Foto zeigt Philip, wie er, in der Uniform eines Fähnrich zur See, den Kopf leicht geneigt, sich auf ein Krocket-Tor konzentriert, während Elizabeth ihn neugierig fixiert. Ein blaublütiger Heimatloser, war Philip als Heranwachsender unter diversen Verwandten herumgereicht worden wie ein Waisenkind, da die Eltern sich bald nach der Vertreibung aus Griechenland getrennt hatten. Philips Cousine Alexandra von Jugoslawien verglich ihn einmal mit einem Hund, „immer auf der Suche nach seinem Korb". Das tarnte der junge Mann schon damals durch forsches Auftreten. Selbstmitleid war Philip grundsätzlich ein Gräuel. Wie gut dies Muster später zu einer Partnerin passen sollte, zur Queen, die sich ebenfalls zur „stiff upper lip“ erzogen und gelernt hatte, Gefühlsregungen schon als Kind herunterzuspielen.

Was der jungen Elizabeth schon in Dartmouth an dem fünf Jahre älteren „Griechen“, wie man ihn nannte, aufgefallen sein muss, war neben dem bunten Familienhintergrund seine unversenkbar zur Schau gestellte Selbstsicherheit. Dass ein Teil davon Tarnung war, konnte sie noch nicht durchschauen. Es hat nach Dartmouth viele Männer im Umkreis Elizabeths gegeben, freundschaftliche Beziehungen allemal, aber keine zweite Liebe. Die mit ihren 13 Jahren schon recht entwickelte junge Dame war nach diesem 22. Juli 1939, was ihr Herz angeht, ein für alle Mal festgelegt.

Das ist jetzt achtzig Jahre her, und auch wenn Prinz Philip in seinem 99. Lebensjahr fast unsichtbar geworden ist, gehören er und die Königin unbestreitbar zum Ensemble der Gegenwart, zwei Ikonen der Beständigkeit, dem Wandel schier entzogen. „Mein Fels, mein Halt“, nannte Elizabeth II. ihren Mann bei einem Empfang zur Goldenen Hochzeit, 1997. Ein kurzes, ein treffendes Wort. Der Duke of Edinburgh, Philip Mountbatten, hat bei der Festigung der britischen Monarchie in der Tat eine zentrale Rolle gespielt. Doch über den Prinzen nur aus der Perspektive der Altersglorie sprechen zu wollen, würde verkennen, welche Steine auf seinem Weg lagen.

Winston Churchill, animiert von der Hochzeit Elizabeths und ihres Leutnants der Marine anno

1947, nannte den Glanz, den dieses Ereignis in die Trübnis der Nachkriegszeit warf, „einen Lichtblitz der Farbe auf dem schweren Weg, den wir noch gehen müssen". Das ließ sich auch auf den Bräutigam selber münzen, auf seinen anfänglichen Weg durch die englische Zeitgeschichte. Ein Hürdenlauf.

Philip war nicht vorgesehen im Plan von Queen Elizabeth, der Gattin Georges VI., die Ausschau hielt nach möglichen Heiratskandidaten für die älteste Tochter. Wenn die königlichen Grenadier Guards, deren Colonel-in-Chief die 16-jährige Elizabeth 1942 geworden war, im Krieg zum Tanz auf Schloss Windsor geladen wurden, lauter Angehörige der Aristokratie und der High Society, sah sich die Königin unauffällig nach einem möglichen Partner für ihre Tochter um. Elf Kandidaten standen auf ihrer Liste, Philip, der Hunne, wie sie ihn nennen würde, kam irgendwo unter ferner liefen vor, mehr eine Marotte ihrer ältesten Tochter, wie die Mutter gedacht haben mochte, als eine Figur mit Zukunft.

Aber die Prinzessin hatte sich längst entschieden. Es lag nicht in ihrer Natur, sich ständig neu zu verlieben – sie zog das attraktiv Abenteuerliche eines Mannes wie Philip dem Establishment-Adel vor, Figuren, die sie sattsam kannte und die allesamt im Vergleich mit Philip, mit seiner Farbe, seiner Verwegenheit abfielen.

Philip „had a good war", wie man das nennt – er schlug sich auf verschiedenen Kriegsschauplätzen mit Auszeichnung, unter anderem auf einem

Schlachtschiff im Indischen Ozean zum Schutz von australischen Militärkonvois, dann im östlichen Mittelmeer im Kampf um Kreta. Die Prinzessin hatte ein gerahmtes Foto von ihm auf ihrer Nachtkonsole stehen – ein bärtiger Held, bereits im Alter von 21 Jahren im Oktober 1942 zum jüngsten Leutnant der Royal Navy befördert.

Im Sommer 1946, es war während eines Landurlaubs, hält „der Grieche" dann auf Balmoral bei George VI. und seiner Königin um die Hand ihrer Tochter an. Die Eltern ahnten längst, dass da kaum mehr durch Gegensteuerung etwas auszurichten war. Auch lernte der König den vielfach dekorierten jungen Navy-Leutnant mehr und mehr schätzen, aus Loyalität des Mariners, der er selber war, zu einem anderen. Nur eine Bedingung legten die Majestäten den beiden auf: Dass ihre Verlobung zunächst nicht bekannt gemacht werde. Das Königspaar plante für den Februar 1947 eine monatelange Reise nach Südafrika, das wie die übrigen Dominien während des Krieges kein Mitglied des Königshauses zu sehen bekommen hatte. Das Kriegsende machte den Weg frei, lang aufgeschobene Besuche im Commonwealth nachzuholen und zu danken für die Unterstützung im Krieg. Auch wollte George VI. so etwas wie eine „Friedensdividende" für sich und seine Familie ernten, und das hieß: „Us Four", Wir Vier, die Eltern und ihre beiden Töchter, noch einmal unbeschwert und ohne Ablenkung einem gemeinsamen Erlebnis nachgehen, wie es der Krieg so nicht erlaubt hatte.

Noch während die königliche Familie ihren Besuchspflichten in Südafrika nachging, wurde der griechische Prinz, der kein Griechisch sprach und in dem, wie wir längst wissen, kein griechisches Blut floss, britischer Staatsbürger. Er stammte aus dem deutsch-dänischen Haus Schleswig-Holstein-Sonderburg-Glücksburg, mit einer Zutat englischen Blutes, über seine Urgroßmutter, die große Königin Victoria und deren viertes Kind, Prinzessin Alice. Und über seine Mutter, ebenfalls eine Alice und deren Vater, Prince Louis of Battenberg, dem 1. Marquis von Milford, war er natürlich ein Battenberger, ein Mountbatten.

Was aber war dann an Philip „griechisch"? Nichts, gar nichts. Das will erklärt sein. 1832 Königreich geworden, hatten sich die Griechen nach einem ersten Herrscher aus dem bayrischen Haus Wittelsbach ihre Monarchen in Dänemark bestellt, gewissermaßen nach einem königlichen Versandhauskatalog, der damals in Europa Herrscher anbot, die qua Geburt gar nicht zur jeweils beglückten Nation gehören mussten. Selbst die Dänen, die mit George I. den Griechen 1845 einen ersten König aus ihrem Stall schenkten, waren gar keine Dänen, sondern Angehöriger des deutschen Hauses Schleswig-Holstein-Sonderburg-Glücksburg, das in Dänemark und Norwegen herrschte, und eben auch in Griechenland, ehe das Land 1974 per Referendum die Monarchie abschaffte.

Mithin war auch Philips Vater, Prinz Andreas von Griechenland und Dänemark, als Sohn des genannten Georgs I., nicht von griechischer, sondern von deutscher Abstammung, und so auch

Abb. 1: Der Herzog von Edinburgh als
Kommandant der Fregatte HMS Magpie (1951)
(© ullstein bild – TopFoto)

Philip; griechisches Blut floss in seinen Adern überhaupt nicht. Seinem Vater drohte von der Junta, die 1922 an der Macht war, der Prozess, dem er nur knapp entging, als die englische Fregatte „Calypso“ die siebenköpfige Familie im Dezember 1922 aus Korfu evakuierte, mit Philip in einem Kinderbett aus Apfelsinenkisten.

Aber zurück zum Jahr 1946. Im Unterhaus fragte man, warum der Antrag auf eine Naturalisierung des „Griechen“ mit solcher Priorität behandelt worden sei. Darauf hatte die Regierung, die nichts von den Verlobungsplänen herauslassen durfte, eine Standardantwort bereit: „Weil Philip eine Karriere in der Royal Navy anpeilt.“ Das war durchaus glaubhaft. Schließlich hatte die britische Marine während des Krieges viele ausländische Seeleute an Bord genommen, die jetzt ebenfalls beschleunigt britische Nationalität erhielten. Mitte März 1947 gab der Prinz seinen griechischen über den Vater geerbten Titel auf, konvertierte, griechisch-orthodox getauft, zur Church of England und wurde einfacher Brite unter dem Name Philip Mountbatten, Lieutenant, RN (Royal Navy). Es war Philips erste Namensänderung auf seinem britischen Curriculum Vitae.

Am Vorabend der Hochzeit am 20. November 1947 verlieh der König ihm den Titel eines Herzogs von Edinburgh, mit voller Bezeichnung „Baron Greenwich of Greenwich in the County of London, Earl of Merioneth and Duke of Edinburgh“ – was zu spät kam für die bereits gedruckten Einladungen, wofür der König sich artig entschuldigte; der Bräutigam firmierte dort schlicht

Abb. 2: Hochzeit von Elizabeth II.
mit Prinz Philipp (1947)
(© ullstein bild – Breuel-Bild)

als Philip Mountbatten, Lieutenant RN. Einziger Schatten auf dem Glanz des Tages war die Tatsache, dass Philips drei ältere Schwestern Margarita, Theodora, Sophie, die alle in deutsche Adlelsfamilien eingeheiratet hatten, darunter einige spätere Nazi-Größen wie den Prinzen Christoph Ernst August von Hessen, nicht eingeladen waren. Sie waren 1947 nicht willkommen, nahmen aber an der Krönung Elizabeths sechs Jahre später teil.

Prophetische Worte fand der Erzbischof von York in seiner Predigt – dem jungen Paar gab er als Lebensregel „patience, ready sympathy & forbearance“ auf den Weg. Eine goldene Empfehlung. Das überstrapazierte Wort „Liebe“ ersetzte der Würdenträger seiner Kirche durch „Geduld, Sympathie, Nachsicht“. Wie schön, wenn die Geistlichkeit verheiratet ist – ein Stück Lebensweisheit tritt hinzu, man kennt sich aus in ehelichen Beziehungen und den Konditionen ihrer Haltbarkeit. Geduld, Sympathie, Nachsicht – dies wurde in der Tat das Geheimnis der Symbiose von Elizabeth und Philip.

Liebe kam dann doch vor, als der jungvermählte Herzog bald nach der Hochzeit einen romantisch-überschwänglichen Brief an seine Schwiegermutter schrieb, die Königin, die ihn gerne wegen seines deutschen Hintergrunds den „Hunnen“ nannte. „Elizabeth in Ehren halten?“, so schrieb er, „dies Wort genügt nicht, um auszudrücken, was ich fühle. Ich bin vollkommen und ohne Zurückhaltung verliebt, und das einzige, was ich für mich und mein Sinnen und Trachten in dieser Welt als absolut real einschätze, ist, uns zusammenzuschweißen zu einer neuen Existenz, die nicht nur allen

Schocks, die da kommen mögen, widerstehen kann sondern auch die Existenz des Guten auf der Welt belegt."

Man darf sich auch diese Worte, wie die des Erzbischofs, auf der Zunge zergehen lassen: „eine Existenz, die allen Schocks, die da kommen mögen, widerstehen kann" – noch heute lässt sich die einzigartige Symbiose zwischen Philip und der Königin nicht besser beschreiben. Auch die junge Braut übrigens schrieb seinerzeit an ihre Eltern in geradezu rhapsodischem Ton – sie und ihr Mann lebten so, „als hätten wir schon Jahre lang zueinander gehört. Philip ist ein Engel." So hatte schon Königin Viktoria ihren Gemahl, Prinz Albert, gerne angehimmelt.

Ein Engel? Wirklich? Das mochte gelten, solange die beiden als „Her Royal Highness Princess Elizabeth, Duchess of Edinburgh" und „His Royal Highness, Duke of Edinburgh" durchs Leben gingen, mit den zwei rasch zur Welt gekommenen Kindern Charles und Anne, beide ohne Nachnamen. Unbeschwerte Ehejahre auf Malta, wohin Philip von der Navy abgeordnet war, zementierten das junge Glück.

Damit war es abrupt vorbei, als das Paar auf seiner Afrika-Reise vom Tod Georgs VI. erfuhr. Es war der 6. Februar 1952, am frühen Morgen, der Herzog und die Herzogin von Edinburgh befanden sich gerade in den Aberdare Bergen von Kenia in dem Baumhaus „Treetops" und schauten versunken zu, wie Giraffen, Elefanten und andere Tiere der Savanne zur morgendlichen Tränke fanden. Wieder zurück in ihrem Gästehaus, der „Sagana Lodge“, meldete sich telefonisch der Chefredakteur des „Nairobi Standard“ bei Martin Charteris, dem Privatsekretär der Prinzessin, und bat um Erlaubnis, drucken zu dürfen, was er gerade über Telex erfahren habe: Der König ist tot. So waren die Sitten im Umgang mit Nachrichten aus dem Sanktuarium der Krone: Es wurde höflich angefragt, ob die Schlagzeile möglicherweise inkonveniere …

Der Moment ist häufig beschrieben worden, wie Elizabeth und Philip am frühen Morgen des 6. Februar, der Todesstunde des Königs, aus der sicheren Höhe eines Baumhauses das Wild im Nationalpark von Kenia beobachteten, wie es an einer Tränke seinen Durst stillte. Der große Diarist Harold Nicolson notierte am gleichen 6. Februar in London in seinem Tagebuch: „Prinzessin Elizabeth fliegt heute von Kenia zurück. Sie wurde Königin auf dem Hochsitz eines Baumes in Afrika, während sie Nashörnern beim Trinken zusah.“ Auch der Historiker William Shawcross kann sich der Besonderheit dieses Bildes nicht entziehen. „Elizabeth ist die einzige Frau, die wir kennen“, schreibt er in „Queen and Country“, „die Prinzessin war, als sie auf einen Baum stieg, und Königin, als sie wieder herunterkam“.

Eine Welt stürzte für Philip ein, der sofort erkannte, dass seine Hoffnung auf einen eigenen Beruf, die Marinelaufbahn, zerschellt war. Jetzt kam die Pflicht auf ihn zu, sich zurückzustellen und ganz auf die Stützung der Monarchin und der Monarchie zu konzentrieren. Mit dreißig eine erste, schwere Herausforderung: Der Heimatlose, der endlich sein Zuhause gefunden hatte, dazu dies emotionale Einverständnis mit seiner Partnerin, er sah sich unversehens versetzt an den Rand des Geschehens. Wie überleben in dieser plötzlich eingetretenen, neuen psychologischen und kostitutionellen Konstellation?

Der „Engel Philip“, als den Elizabeth ihren Mann im Brief an die Eltern bezeichet hatte, musste bald erste Federn lassen. Im Vorfeld der Krönung Elizabeths trat die Frage auf, welchen dynastischen Namen denn die neue Königsfamilie führen würde. Admiral Louis Mountbatten, Philips Onkel, der *matchmaker* auf der königlichen Schiffstour nach Dartmouth 1939, hatte das Establishment verschreckt, als er unvorsichtigerweise herausließ, mit der Ehe Elizabeths und Philips seien jetzt „die Mountbattens auf dem Thron“. Dagegen zog eine mächtige Lobby zu Felde: Mountbatten als Herrschername? Unmöglich. Premierminister Winston Churchill war erbost, wie der Earl, Philips Onkel, überhaupt habe annehmen können, die Weichenstellung aus dem Jahr 1917, als George V. den Weg aus dem deutschen „Sachsen-Coburg-Gotha“ zum englischen „Windsor“ fand, könne jemals rückgängig gemacht werden.

Der Widerstand dagegen reichte von Queen Mary von Teck, der Witwe Georgs V., über das Kabinett und das Parlament und fand in Churchill den entschiedensten Befürworter der Beibehaltung des Namens Windsor. Das stärkte auch den Rücken der Königin, die genauso dachte. Und so gab der Kronrat schon im April 1952 bekannt, Elizabeths Familie werde künftig den Namen Windsor führen.

Philips Empörung über die Nicht-Berücksichtigung seines eigenen Nachnamens entlud sich bei ihm in einem zur Legende gewordenen Kommentar: Er sei doch nur „eine verdammte Amöbe“, allein benötigt zur Zeugung von Erben, der einzige verheiratete Mann im Lande, der seinen Kindern nicht den eigenen Familiennamen weitergeben dürfe, wetterte er. Doch der Herzog erhielt wenigstens 1957, zehn Jahre nach der Hochzeit, den Titel eines „Prinzen des Vereinigten Königreichs“, weshalb man seit 1957 auch von „Prinz Philip“ sprechen konnte. Man wird sich erinnern, dass auch Prinz Albert zehn Jahre nach seiner Hochzeit mit Königin Viktoria warten musste, ehe ihm offiziell der Titel eines „Prinzgemahls“ verliehen wurde. In der Mountbatten-Kontroverse gab es Anfang 1960, als Elizabeths und Philips drittes Kind, Andrew, unterwegs war, einen Kompromiss: Die Kinder der nicht in direkter Thronfolge Stehenden würden sich künftig Mountbatten-Windsor nennen. Diesen Nachnamen ließ sogar Prinzessin Anne nachträglich auf ihren ersten Heiratsdokumenten eintragen.

Sollte irgendjemand 1952, beim Thronantritt Elizabeths, erwartet haben, auf den deutsch-dänischen Philip Mountbatten liefe jetzt die Karriere eines anderen Deutschen im Königshaus zu, einhundert Jahre früher, Prinz Alberts von Sachsen-Coburg-Gotha, der sah sich getäuscht. Philip konnte mit diesem Vorbild nicht verglichen werden. Nicht nur wegen des Argwohns, der ihm als Erben ohne Land und Vermögen, dazu aus deutschem

Stamm – nach dem zweiten Weltkrieg eine entschiedene Belastung, anders als 1840 bei der Heirat Victorias mit Albert – am Hof entgegenschlug. Eine undurchdringliche Bürokratie hatte sich um die Zentralfigur, seine Frau, gelegt – da war kein Platz, keine Rolle für ihn, den Außenseiter. Prinz Albert war bekanntlich Victorias Auge und Ohr, der Manager ihrer öffentlichen Angelegenheiten, Privatsekretär und Leiter ihres Büros in einem. Für solche Aufgaben kam Philip einhundert Jahre später nicht in Frage.

Kein Gedanke daran, dass Philip auch nur Einblick in die „red boxes" erhielt, die Staatspapiere, oder gar an den wöchentlichen Audienzen der Monarchin mit ihrem jeweiligen Premierminster teilnahm, wie das Albert von früh auf tat. Er wurde ausgeschlossen. So musste sich der Herzog von Edinburgh eigene Betätigungsfelder suchen, wo er nicht mehr drei Schritte hinter der Monarchin gehen musste, sondern selber Takt und Tempo der Gestaltung bestimmte.

Es kam ihm entgegen, dass er einen Charakter mitbrachte, eine Eigenschaft, die geradezu prägend ist für sein gesamtes Leben. Die Unbill seiner frühen Jahre, dieses unstete, heimatlose Wechseln von Verwandten zu Verwandten, von Schule zu Schule, quasi ohne Eltern und festen Wohnsitz – nie ließ er auch nur eine Spur von Larmoyanz durchscheinen. „So war mein Leben", pflegte er lakonisch zu sagen, wenn immer ihn ein Interviewer festnageln wollte auf das Eingeständnis von „hard luck". So war eben mein Leben – mehr ist dazu nicht zu sagen. Es war seine Weigerung, sich als Opfer unwirtlicher Umstände zu sehen, die zu beklagen er reichlich Gelegenheit gehabt hätte. Er nahm sich gleichsam an die Zügel, unter der Devise „Get on with it", diesem Weckruf der Tat, des Tätigseins. Get on with it, mach weiter, halte dich nicht auf mit müßigem Klagen. Nach diesem Motto richtete er sein Leben aus, als ihm klar wurde, dass in den Staatsgeschäften kein Platz für ihn war.

Wo hatte ein solches Naturell, solche Veranlagung, mit dieser Härte gegen sich selber sein Vorbild, seine Inspiration gefunden? Die Frage ist nicht schwer zu beantworten. Mit einem Wort: Gordonstoun. Der Internatsgründer Kurt Hahn baute auf Selbstüberwindung und Wettkampf als pädagogisches Ziel; das fiel bei dem Schüler-Prinzen auf fruchtbaren Boden. Wer hätte eine härtere Kinderstube nachweisen können als er? Nicht eine einzige Geburtstagskarte erhielt Philip von seiner Mutter zwischen seinem achten und fünfzehnten Lebensjahr, die Jahre, in denen Alice von Battenberg sich mit einer Geisteskrankheit behandeln lassen musste. Auch kein Besuch aus seiner verzweigten griechisch-deutschen-englischen Verwandtschaft ließ sich zwischen 1933 und 1939 im schottischen Gordonstoun blicken.

So konnte Kurt Hahn mit seinen Maximen übergroßen Platz im Horizont des jungen Prinzen einnehmen. Die Fenster in den Schlafräumen blieben geöffnet, der Wind pfiff kalt herein, dazu sieben Uhr Wecken und zweihundert Meter an die Wasserstellen gelaufen zur kalten Dusche, sommers wie winters. „Die Poren sollen sich schließen", pflegte Hahn zu sagen. Mehr als die Haut schloss sich da in Verkrampfung. Philip verlor damals, wie gesagt wurde, so etwas wie seinen emotionalen Kompass, ein Umstand, den er hinter seinem hyperaktiven Wesen dadurch zu erkennen gab, dass er ihn ständig zu verbergen suchte.

Bischof Michael Mann, lange Zeit über Dekan an der gotischen St. George's Chapel auf Schloss Windsor, lieferte in den späten 80er Jahren in einem Gespräch mit dem „Daily Telegraph“ eine treffende Charakterskizze Philips: „Seine Kindheitserfahrungen legten ihm nahe, mit Gefühlen vorsichtig umzugehen, sie runter zu schlucken und statt dessen Streikposten um sich aufzustellen, mit Maschinengewehren bewehrt. Niemand wird da durchgelassen, dem er nicht total vertrauen kann.“

Dabei passten Hahns pädagogische Prämissen sehr gut zum britischen Charakter und zur Tradition der britischen Internatserziehung – zur Erprobung des Heranwachsenden im großen „Outdoor“, der freien Natur, unter hart fordernden Bedingungen, bei jedem Wetter, ob in der schottischen Einöde oder im Trainig zur See. In diesem Curriculum trat das Praktische dem rein Akademisch-Intellektuellen gleichwertig zur Seite,wenn es nicht im Rang eine Stufe höher stand. Aber Kurt Hahn dachte weiter. Ergänzend zum Outdoor, zum Sport, zu Leistung und Wettkampf betonte er den humanitären Einsatz, die karitative Tätigkeit, die soziale Verpflichtung. Auf dem Höhepunkt seines philanthropischen Engagements zählte man mehr als 800 Adressen mit gemeinnützigen Zielen, die sich mit dem Namen des Herzogs im Briefkopf besseres Fundraising ausrechnen durften. Jedenfalls war der junge Philip mit der Mobilisation seiner Talente, wie die Gordonstoune-Erziehung sie mit sich brachte, ohne Abstriche einverstanden.

Auf Kurt Hahns Ideen geht der „Duke of Edinburgh Award“ zurück, den Philip 1956 aus der Taufe hob und der jungen Menschen zwischen 14 und 24 die Möglichkeit gibt, Auszeichnungen zu erwerben in Abstufungen von Gold, Silber und Bronze, je nach der Leistung, die sie sich zutrauen, auch im sozialen Engagement. Nicht um Konkurrenz geht es dabei, sondern um Ziele, die sich jeder selber setzt, um zu sehen, wie weit er kommt. Der „Award“ ist längst internatonal geworden, das „Internationale Jugendprogramm in Deutschland e. V.“ zum Beispiel steht auch bei uns in der gleichen Tradition.

Hahns Credo der Selbstständigkeit, der Autarkie, der persönlichen Souveränität – notabene ein sehr britisches Credo – wurde zur Lebensphilosophie Philips schlechthin. In einem Essay aus den 80er Jahren, überschrieben mit „People are people“ (aus dem Sammelband seiner damaligen Reden unter dem Tiel „Menschen, Maschinen und Heilige Kühe“) merkt Philip an: „Shakespeare lässt in seinem Drama ‚Julius Cäsar‘ den Cassius sagen – ‚Der Fehler, lieber Brutus, liegt nicht in unseren Sternen, sondern in uns selber.‘ Es gibt nichts auf dieser Welt, das nicht durch Menschen kuriert werden kann. Dagegen wird fast nichts in der Welt durch Theorien geheilt, durch Systeme, Organisationen oder sozio-politsche Ideologien.“ Die Verantwortung des Einzelnen für das Gelingen der *condition humaine* ist Philips großes Credo.

Gelernt hat er es, nach der Grundlegung durch Kurt Hahn, auf See, als Mariner, worüber er einmal eines seiner persönlichsten Bekenntnisse abgelegt hat: „Ich bin kein Graduierter irgendeiner Universität, ich bin kein Humanist oder Naturwissenschaftler", so charakterisierte er sich selber, „ich schulde vielmehr meine ganze Treue einer anderen der wirklich großen Bruderschaften dieser Welt, von denen es nur noch wenige gibt – der Bruderschaft der See. Auf dem Meer finden sich alle Konflikte, mit denen der Mensch zu ringen hat, immer schon und auch heute noch".

Get on with it, halte dich nicht auf mit Grübeln, gar mit Selbstmitleid. Wir sollten in diesem Zusammenhang einmal fragen, wie der Erstgeborene, Charles, der Prince of Wales, inzwischen 71 Jahre alt, mit der Lebenseinstellung seines Vaters fertig wurde. Nun, in praktischer und sportlicher Hinsicht ist er ihm weitgehend gefolgt, als Seeoffizier, Airforce Pilot oder auch als Polo-Spieler. Auch in seinem Engagement für die Umwelt und menschenwürdiges Leben setzt er fort, was sein Vater schon früh für sich auf die Fahnen geschrieben hatte. Mit der Abfindung am Ende seiner Dienstjahre in der Navy gründete Charles schon 1977 den „Prince's Trust", inzwischen das größte gemeinnützige Unternehmen auf der Insel, das gefährdeten Jugendlichen einen Weg bahnt, Beruf und gesellschaftliche Anbindung zu finden. Ein leuchtendes Beispiel für das, was wir heute mit der Welfare Monarchy bezeichnen – dem Einsatz der königlichen Familie für karitative Belange.

Abb. 3: Prinz Philip mit Sohn Charles
beim Polospiel (1967)
(© ullstein bild – ullstein bild)

Aber persönlich ist Charles ein gänzlich anderes Gemüt als sein Vater: kontemplativ, manchmal grüblerisch, ein grüner Hamlet, Musikliebhaber, übrigens auch ein besserer Aquarellist als sein Vater. Charles hasste Gordonstoun, wohin ihn Philip geschickt hatte. Die Königin überließ ihrem Mann, wie man weiß, weitgehend das Management der Familie, hielt sich zurück, schritt wenig ein.

Das führte zu einem kühlen Verhältnis des Sohnes zu seinen Eltern und gipfelte in den 80er Jahren in einer tiefen Krise auf seinem Lebensweg. Es war auch ein Tiefpunkt im Leben der Windsor-Familie selber. Man kann nicht behaupten, dass die Eltern des Kronprinzen eine hilfreiche Rolle spielten bei der Ehewahl ihres Ältesten Prinz Charles. Ihnen war die Beziehung des Sohnes zu einer verheirateten Frau, zu Camilla Parker-Bowles, nicht verborgen geblieben, auch wenn niemals mit ihm darüber gesprochen wurde. Ein Angehöriger der Royal Horse Guards war eines Tages sogar bei der Queen vorstellig geworden und hatte ihr berichtet, dass ihr Sohn zur Frau eines Offiziers des Regiments – gemeint war Andrew Parker-Bowles – eine Beziehung unterhalte, „und das Regiment mag es nicht“. Die Historikerin Sarah Bradford schreibt in ihrer Biographie Elizabeths, die Königin habe bei der Nachricht „zu Boden geblickt und geschwiegen“, entschlossen, sich, wie gewohnt, nicht in die Angelegenheiten ihrer Kinder einzumischen.

„Zu Boden geblickt“, um bei der Metapher zu bleiben, hatte auch Philip – weggeblickt in der Causa Camilla. Offen sich darüber in der Familie aussprechen? Im wirklichen Leben geschieht so etwas oft nicht, wieviel weniger in der Generation von Elizabeth und Philip und der „stiff upper lip“, wo Schweigen die Regel ist. Statt dessen forderte der Herzog seinen Sohn brieflich auf, nach nur wenigen Monaten des Umgangs mit der neunzehnjährigen Diana Spencer sich ihr gegenüber zu erklären oder die Beziehung abzubrechen. Es ist bezeichnend, dass Philip seinem Sohn dies per Brief mitteilte, zu einem Gespräch fehlte beiden bei ihrer gespannten Beziehung die nötige Gefühlskultur. Zwischen dem St. James's Palace und dem Buckingham Palace – Luftlinie etwa eine halbe Meile – herrschte Briefverkehr, kein heißer Draht.

Man muss hier nicht die Einzelheiten dieser Tragödie zurückrufen, sie ist noch in allzu frischer Erinnerung. Mir geht es vielmehr darum hervorzuheben, wie selbst ein profilierter Student der *condition humaine,* der menschlichen Natur wie Prinz Philip bei seinem Ältesten an die Grenze des Verstehens gelangte – und dieser an die gleiche Grenze gegenüber seinem Vater. Im Jahr 1994 hatte Charles dem Journalisten Jonathan Dimbleby einmal Rede und Antwort gestanden für dessen Biographie über ihn. Eigentlich verlangen die ungeschriebenen Regeln des Königshauses absolutes Schweigen über Mitglieder der eigenen Familie: Never complain, never explain – beschwer dich nie, erläutere dich nie. Aber Charles hielt sich nicht daran. Selbst Konzerte meide sein Vater, gab er zu Protokoll, und zitierte Philip mit dem Satz: „Ich will doch nicht gerührt werden!“ Vorwürfe gegen die harte, nach seinem Urteil fast lieblose Erziehung des Vaters fehlten nicht.

Zum ersten Mal zeigte sich Philip in der Öffentlichkeit verletzt. „Charles ist Romantiker, ich Pragmatiker", verteidigte er sich. „Das heißt, wir gehen die Dinge unterschiedlich an. Und weil ich auf die Dinge nicht als Romantiker schaue, sagt man mir nach, ich sei gefühllos." Anders als zu seinem Vater hatte Prince Charles dagegen ein sehr enges, herzliches Verhältnis zu seinem Großonkel Lord Louis Mountbatten of Burma, dem hier mehrfach Erwähnten. Als dieser vor der Küste Irlands im Juli 1979 einem Attentat der IRA zum Opfer fiel, war Charles lange wie untröstlich, und in dieser Zeit traf es sich, dass Charles und die neunzehnjährige Diana Spencer sich auf einer Frühsommerparty 1980 zum ersten Mal begegneten. Der Teenager zeigte sich betroffen von dem Leid des Prinzen, für den sie rührende Wort des Verstehens und des Trostes fand; es nahm den Thronfolger sofort für das junge Blut gefangen, während er seine Liebe längst an die inzwischen verheiratete Camilla Parker-Bowles verschenkt hatte.

Mag der Herzog in puncto Erziehung des Thronfolgers folgenreiche Fehler begangen haben, so bewältigte er umso umsichtiger die andere Aufgabe, welche die Queen ihm übertragen hatte: die Monarchie zu reformieren, sie an die Moderne anzupassen. Der Außenseiter in ihm erfasste schärfer als andere die manchmal erstickende Altertümlichkeit dieser alten Institution. Man kann doch die königliche Familie, so sagte er sich, nicht immer nur in ihrer öffentlichen Rolle über die Bühne paradieren lasse, „lauter eindimensionale Figuren", ein langweiliges Image. In der Tat hätte man in den

60er und 70er Jahren die Royals als das Personalpendant zu Henry Fords „Model T“ beschreiben können, auf dem königlichen Fließband produziert – immer die gleiche Form, eine Fassade von Autorität und Distanz. Das ließ Philip unter anderem durchbrechen mit Fernsehfilmen, die die Windsors in häuslichem Milieu darstellten, auch bei gemeinnützigen Anlässen oder in Szenen familiärer Entspannung.

Es führte nicht immer nur zum Erfolg. Zwei TV-Programme, die Dokumentation „Royal Family“ von 1969 und „It's a Royal Knockout“ von 1987, in dem Mitglieder der königlichen Familie ähnlich dem damals in Deutschland beliebten „Spiel ohne Grenzen“ durch die Gegend purzelten und Hindernisse zu bewältigen hatten, das Ganze gedacht als Fundraising für wohltätige Zwecke – diese Inszenierungen erwiesen sich als total kontraproduktiv, die Würde des Königshauses litt. Wie man die Monarchie sowohl populär als auch respektiert erhält – die Anwort darauf ist eine permanente Herausforderung. Walter Bagehot, der große Verfassungstheoretiker, hatte im 19. Jahrhundet davor gewarnt, „nicht zu viel Tageslicht in die Magie“ des Königtums eindringen zu lassen. Aber Philip erkannte früh, dass diese Maxime unter dem Anprall der mediengesteuerten Neugier nicht aufrechtzuerhalten sein würde. In signifikanten Veränderungen zeigte sich seine reformerische Handschrift. So führte er in den 70er Jahren das königliche Walkabout ein, bei dem sich die Königin oder ein Mitglied ihrer Familie durch ein Spalier von Zuschauern wandernd mit den Menschen unterhielt, was die tradierte Steifheit des Protokolls wesentlich auflockerte.

Wie weit die Frage des Verhältnisses zu den Untertanen auch die Königin beschäftigte, äußerte sie bei dem Bankett der Londoner City im November 1997 zu Ehren ihrer Goldenen Hochzeit. Es waren die Jahre der laufenden Skandale in der Windsor Familie, der Scheidungen, der Tragödie des Unfalltodes von Diana Spencer, eine Ära auch massiver Vorwürfe gegen sie, die Monarchin. Für eine Figur ihrer Diskretion trug die Queen damals ein bemerkenswertes Geständnis vor: „Wie die Regierung existiert auch die Monarchie einzig aufgrund der Unterstützung und des Konsenses in der Bevölkerung. Zustimmung zu Politikern wird an der Wahlurne entschieden. Für uns aber, die königliche Familie, ist die Botschaft oft schwieriger zu lesen, kann sie doch verdunkelt sein durch Ehrerbietung, Rhetorik und die widerstreitenden Strömungen in der öffentlichen Meinung. Aber lesen müssen wir sie."

In diesen Worten klang deutlich der zeithistorische Hintergrund an, die Phase des gefährdeten Profils der Windsors, und wie besorgt die Queen damals um die Zukunft ihres Hauses war. Heute, 22 Jahre später, ist dies wie ein Albtraum verschwunden, steht die Monarchie, vor allem die Person der Königin selber, in hohem Ansehen, festgefügt auf Generationen der nach Elizabeth II. Kommenden – Charles, William, George. Eine bemerkenswerte Metamorphose. Freilich, die Nemesis von einst, die Spur der Skandale, ist gerade im Jahr 2019 noch einmal in ungemütliche Erscheinung getreten, in der Figur von Elizabeths Lieblingssohn Prinz Andrew, dessen Verhalten im Umkreis der Jeffrey Epstein-Affäre den Namen der Windsors einmal mehr in Misskredit zu bringen verstanden hat.

Handfeste Verdächtigungen hatten die Medien einst übrigens auch Prinz Philip anzuheften versucht Es wurde vielfach gemunkelt über sein Privatleben – seine Frauenfreundschaften waren ja kein Geheimnis, man rubrizierte sie zunächst entschuldigend unter die gesellschaftlichen Zuneigungen, wie sie auf dem Tanzboden und bei den Zusammenkünften der High Society in den entsprechenden Villen, diesen Gewächshäusern des Adels, üblich waren. „Die Queen weiß, dass ihr Mann sich gerne amüsieren lässt“, hieß die Standardauskunft von Leuten, die vorgaben, das Denken der Monarchin entziffern zu können. Er liebte wilde Tänze, wie aus dem Film „Zorba the Greek“, wofür die Königin viel zu scheu gewesen wäre.

Aber gab er nie der Versuchung zur Untreue nach? Die Biographen ziehen in dieser Frage lauter Nieten, was auf absolute Diskretion oder ein tatsächliches Null an Fakten zurückgehen mag. Selbst die bedeutsame Queen-Biographie von Ben Pimlott kommt in dieser Frage nicht über eine Fußnote, ein „confidential interview“ eines Beamten aus der Umgebung der Queen hinaus. Philips Kopf, so steckte ihm dieser Hofinsider, „konnte auch schon mal durch ein hübsches Gesicht verdreht werden“. Das ist alles – „durch ein hübsches Gesicht verdreht“ … Was die Medien dagegen von Fall zu Fall auftischten, war regelmäßig vom Baum der

Unkenntnis gepflückt. „Wirklich, die Art, wie die Zeitungen über mich schreiben – warum habe ich es eigentlich nicht gemacht?“, scherzte der Duke einmal. Dann, in ernsterer Stimmung: „Wie kann ich der Königin je untreu werden? Sie könnte sich doch nie mit gleicher Münze wehren.“

Bei Gelegenheit des Goldenen Ehejubiläums 1997 pries Philip „Toleranz“ als die bedeutendste Eigenschaft seiner Frau, der Königin. Das schloss natürlich auch die Toleranz ihm gegenüber mit ein, dessen unruhiger, nie rastender Geist für die Queen eine ständige Herausforderung darstellte. Die Widersprüche in seinem psychologischen Make-up sind Legende; sie ergeben ein fesselndes Kontrastbild, wie Tim Heald es in seiner Biographie des Herzogs resümiert hat. Da mischt sich Bescheidenheit mit Arroganz, optimistische Energie mit kalten Duschen der Abkanzelung. Der Prinzgemahl ist einmal liebenswürdig, dann abweisend, sicher und unsicher, sensibel und unsensibel, warm und überkritisch, gesellig und ein Einzelgänger. Er liebt das Debattieren, den Austausch von Ideen, aber kann es nicht ertragen, wenn er unterliegt. Eine Cousine der Queen, Lady Margaret Rose, bekannte in einem Gespräch mit mir vor einigen Jahren, als ich an meiner Biographie der Queen arbeitete, wie anstrengend es sein könne, bei einem Dinner neben dem Duke zu sitzen und mit ihm zu diskutieren. „Was hast du gerade gesagt“, fordert er, „nenn’ mir die Gründe. Das kann so nicht sein.“ Irgendwie gleicht Philip dem Dr. Faust und seinem Drang, „zu erkennen, was die Welt im Innersten zusammenhält“. Bücher über Religion und Botanik schmücken seine Bibliothek.

In dem genannten Essay-Band von 1984, „Menschen, Maschinen und Heilige Kühe“, schreibt er in der Einleitung: „Der Unterschied zwischen einer freien Gesellschaft und einer, in der alle Themen regiert werden von unflexiblem Dogma ist der ständige Austausch von Ideen. Dies Buch ist nur ein weiterer Beitrag zu diesem Austausch, in der Hoffnung, dass es Gedankenketten in anderen Köpfen anzustoßen vermag und den Lesern hilft, einige der Probleme des Lebens einmal unter einem anderen Blickwinkel zu betrachten.“ Worte eines rationalen Aufklärers – Gedankenketten in anderen Köpfen lostreten.

Kein Wunder, dass er für manche Eskapaden der erweiterten Windsor-Familie wenig übrig hat. Bei Erwähnung von Sarah Ferguson etwa, der Ex-Ehefrau von Prinz Andrew und Herzogin von York, ziehen sich seine Brauen unwirsch zusammen. Sie hatte sich nach der Scheidung von Andrew in so abenteuerliche Verstrickungen gestürzt, dass Philip die Haare förmlich zu Berge standen – der Ruf des Königshauses stand auf dem Spiel. Mögen sich die Beziehungen zwischen den beiden Geschiedenen heute auch wieder erwärmen, so sind sie zwischen Sarah und dem Duke unrettbar zerrüttet. Beide gehen sich tunlichst aus dem Wege.

Immer war und ist Philip dagegen selber ein erfrischender Kontrast zu dem, was Königliche Hoheit eigentlich darzustellen hat. An dem Prinzgemahl kamen die protokollarisch Korrekten nicht heran, er war zu sehr sein eigener Mann, sein eigenes Gesetz fast, ein Opt-Out von jeder Routine. Und natürlich auch ein Kontrapunkt zur allzeit etikettenbewussten, etwas steifen Elizabeth, die ihre Scheu versteckt hält hinter der Diskretion, wie die Stellung als Souverän sie ihr auferlegt.

Man könnte fast von einer Arbeitsteilung zwischen beiden sprechen, was der Doppelveranlagung der Briten sehr entgegen kam: Einerseits lieben sie den monarchischen Ritus mit seinem Pomp und Formalitäten; dafür war und ist die Königin zuständig in ihrer offiziellen Funktion. Aber der ebenfalls britische Hang zur Demontage durch Humor, diese ununterdrückbare Neigung zum „comic relief", zur Burleske, die dem Ernst zu Leibe rückt – das war Prinz Philips Rolle, die er meisterhaft beherrscht. Es war für ihn schon immer ein Ventil, seine Eigenart zu behaupten gegenüber einem Hof, der ihm lange Zeit über nicht wohl gesonnen war. Schließlich wurde es bei ihm zur zweiten Natur. Alles Unangepasste an ihm, der noch bis in seine 90er Jahre hinein Vierspänner durch den Windsor Great Park antrieb, war längst Legende geworden, liebevoll gepflegt, nicht zuletzt von ihm selber. War das Image eines königlichen Provokateurs erst einmal etabliert, tat er alles, es weiter zu festigen. Ich habe das bewusst gepflegte Fettnäpfchen immer als sein heraldisches Wappen bezeichnet.

Nicht viele Menschen und Gruppen können in den vergangenen Jahrzehnten seinem spontanen Witz entgangen sein. Einen früheren Generalsekretär des Commonwealth, einen Nigerianer, der anlässlich eines Empfangs im Buckingham Palace in voller Landestracht vor ihm stand, begrüßte er mit den Worten: „Sie sehen ja aus, als wenn Sie gerade ins Bett gehen wollten!“ Und auf einem Empfang für Behinderte frotzelten er einen der Besucher an, dabei riskant die Grenze des Schicklichen streifend: „Wozu brauchen Sie einen Stock, wo Sie doch im Rollstuhl sind.“ Leider haben wir nie erfahren, was Helmut Kohl antwortete, als der Herzog ihn einmal mit „Guten Tag, Herr Reichskanzler“ begrüßte … Philip hasst Gespräche, die nur pro forma abspulen, ein Anhänger von small talk ist er ganz und gar nicht. Ein Offizieller fragte ihn einmal nach einem Langstreckenflug nach Kanada: „Wie war Ihr Flug?“ Darauf der Herzog: „Sind Sie schon mal geflogen? Ja? Nun, genau so war es.“

Ich selber bin seiner verbalen Unkorrektheit einmal vor langen Jahren, im Sommer 1962, begegnet, als Philip der Universität Cardiff, wo ich eine Lektorenstelle bekleidete, einen Besuch abstattete; er war Kanzler der Universität. Wir vom German Department standen schön aufgereiht, dem Besucher die Hand zu schütteln. Er begann auch korrekt mit Professor T. P. Williams, dem damaligen Leiter des Germanistischen Instituts, ging die Reihe weiter und hielt plötzlich inne, wie von einem Gedankenblitz getroffen. Dann kehrte er zu Professor Williams zurück, hob dessen reichlich zerschlissenen Talar an seinem Ende hoch und kommentierte verschmitzt: „Sie haben hier wohl schon sehr lange unterrichtet, nicht wahr?“ Dem Professor – und uns – verschlug es die Sprache. Die kleine Anekdote belegt schlagartig, dass die Behauptung, der

Abb. 4: Prinz Philip besucht St. Columbia's Church in Chelsea, London (2015) (© ullstein bild – Rex Features/ Rupert Hartley Shutterstock)

Herzog versuche mit seiner schalkhaften Art, die protokollarische Spannung jeweils zu lösen, in eher seltenen Fällen ihr Ziel erreicht, ja, die Verlegenheit der Angesprochenen eher erhöht. Es hat jedoch dem Ansehen des königlich Unangepassten nicht geschadet.

Als er 90 wurde, nannte der damalige Premiermininster David Cameron Prinz Philip auf einer eigens zu seiner Ehrung einberufenen Parlamentsitzung „einen nationalen Schatz". Soviel Lob hätte der jeder Sentimentalität Abgeneigte am liebsten überhört. Doch diese Laudatio auf ihn, den treuesten Diener seiner Herrin, der Queen, war mehr als verdient. Er hatte vor langer Zeit im Verlauf eines TV-Interviews sogar vorausgeahnt, was ihm in hohen Jahren beschieden sein würde: „Wenn Her Majesty und ich mal richtig antik geworden sind", so mutmaßte er 1968, vor 51 Jahren, „dann, so wage ich zu behaupten, könnte es vielleicht auch wieder ein bisschen mehr Ehrfurcht geben".

Mehr als Ehrfurcht: Die Nation hat Prinz Philip längst in ihr Herz geschlossen und reagierte mit einem kollektiven Seufzer des Bedauerns, als der 1921 Geborene sich im Mai 2017 von seinen öffentlichen Pflichten verabschiedete. Jedermann weiß, dass seine gelegentlich krustige, zum Sarkasmus aufgelegte Art immer nur das ist und war – eine Tarnung, die der königliche Inkorrekte überwirft, um sein hoch empfindliches Wesen zu kaschieren. Die britische Monarchie hat durch ihn an Popularität gewonnen. Daran ist natürlich auch eine gelingende Enkelgeneration beteiligt, ein William und Harry, eine Catherine Middleton und ihre Kinder und eine Meghan Markle – hoffentlich, möchte ich hinzufügen. Der Pater familias, Philip Mountbatten, der Herzog von Edinburgh hat das Ensemble kraft seiner Eigenart, seiner Persönlichkeit, lange überragt. Nie wankende Loyalität zur Queen und zur Aufgabe, ihr die Bürde des Amtes zu erleichtern, ist sein wertvollster Beitrag zur Stabilisierung der Monarchie. Elizabeth ohne Philip – das ist eigentlich nicht vorstellbar. Ebensowenig, wie die Briten von ihm, oder gar von der Queen, jemals werden Abschied nehmen können.

Die singuläre Ausstrahlung des britischen Königshauses gehört heute zu den überraschenden Szenenwechseln der Gegenwart, ein deutlicher Kontrast zu den vielen Sollbruchstellen der Zeitgeschichte. Banken, Medien, die politische Klasse, selbst die Kirchen, sie trudeln abwärts – die Monarchie dagegen erlebt neuen Aufwind, neue Zustimmung. Die Briten haben sehr mit ihrer Königin gelitten, als das Brexit-Thema sie fast unentrinnbar in Mitleidenschaft zog. Die Monarchie ist fest in der nationalen DNA verankert, soviel ist noch immer sicher. Das war vor fünfundzwanzig Jahren ganz anders, als die Windsors angesichts nicht enden wollender Skandale ihre Zukunft hinter sich zu haben schienen.

Im 94. Lebensjahr der Queen und dem 99. von Philip Mountbatten, ihrem Gemahl, fühle ich mich an eine Weisheit erinnert, die sich Ernst Jünger als 89-Jähriger in „Autor und Autorschaft“ (1984) notierte: „Wenn man lange genug lebt, erlebt man alles, auch das Gegenteil.“

Zum Autor

Thomas Kielinger, geb. 1940 in Danzig, ist Historiker und Journalist, der in den 60-er Jahren auch als Lektor am Germanistischen Institut der Universität Cardiff in Wales tätig war. 1971 wurde er Redakteur bei der WELT, für die er später unter den Präsidenten Carter und Reagan aus den USA berichtete. Es folgten mehrere Jahre als Chefredakteur der Wochenzeitung „Rheinischer Merkur“, ehe er 1998 zur WELT zurückkehrte, um aus London über das Vereinigte Königreich zu berichten, wo er seither lebt und arbeitet. In seinen Büchern (Verlag C. H. Beck) geht er vornehmlich der britischen Geschichte nach, so zuerst 2009 mit dem Länderporträt „Großbritannien“ (überarbeitet als „Kleine Geschichte Großbritanniens“, 2016). Zwei Biographien folgten: „Elizabeth II. – Das Leben der Queen“ (2011; aktualisiert bei dtv, 2014), und „Winston Churchill – Der späte Held“ (2014; 6. Auflage 2016; dänische und polnische Übers.; eine Hörbuch-Version im Verlag BonneVoice, München). 2019 erschien seine jüngste Biographie, „Die Königin. Elizabeth I. und der Kampf um England“. Kielinger wurde 1995 vom Buckingham Palace als Ehrenoffizier in den „Order of the British Empire“ (OBE) aufgenommen und erhielt 2001 das Bundesverdienstkreuz Erster Klasse. Die Universitäten Queen Mary, London, und Cardiff wählten ihn 2016 zum Honorary Fellow.